RICETTA SOTTOVUOTO PER PRINCIPIANTI

50 RICETTE SEMPLICI

ALESSANDRA MAMELI

Tutti i diritti riservati.
Disclaimer

Le informazioni contenute in i intendono servire come una raccolta completa di strategie sulle quali l'autore di questo eBook ha svolto delle ricerche. Riassunti, strategie, suggerimenti e trucchi sono solo raccomandazioni dell'autore e la lettura di questo eBook non garantisce che i propri risultati rispecchieranno esattamente i risultati dell'autore. L'autore dell'eBook ha compiuto ogni ragionevole sforzo per fornire informazioni aggiornate e accurate ai lettori dell'eBook. L'autore e i suoi associati non saranno ritenuti responsabili per eventuali errori o omissioni involontarie che possono essere trovati. Il materiale nell'eBook può includere informazioni di terzi. I materiali di terze parti comprendono le opinioni espresse dai rispettivi proprietari. In quanto tale, l'autore dell'eBook non si assume alcuna responsabilità per materiale o opinioni di terzi. A causa del progresso di Internet o dei cambiamenti imprevisti nella politica aziendale e nelle linee guida per l'invio editoriale, ciò che è dichiarato come fatto al momento della stesura di questo documento potrebbe diventare obsoleto o inapplicabile in seguito.

SOMMARIO

INTRODUZIONE

Sous vide (francese) noto anche come cottura a lungo termine a bassa temperatura, è un metodo di cottura in cui il cibo viene posto in una busta di plastica o in un barattolo di vetro e cotto a bagnomaria per tempi di cottura più lunghi del normale (di solito da 1 a 7 ore , fino a 72 o più ore in alcuni casi) a una temperatura regolata con precisione.

La cottura sottovuoto viene eseguita principalmente mediante circolatori a immersione termica.La temperatura è molto più bassa di quella normalmente utilizzata per la cottura, tipicamente intorno ai 55-60 ° C (130-140 ° F) per la carne rossa, 66-71 ° C (150-160 ° F) per il pollame e maggiore per le verdure. L'intento è quello di cuocere l'oggetto in modo uniforme, assicurandosi che l'interno sia ben cotto senza cuocere troppo l'esterno, e per trattenere l'umidità.

La cottura sottovuoto è molto più semplice di quanto si possa pensare e di solito prevede tre semplici passaggi:

- Attacca la tua pentola di precisione a una pentola d'acqua e imposta il tempo e la temperatura in base al livello di cottura desiderato.
- Metti il cibo in un sacchetto sigillabile e aggancialo al lato della pentola.
- Termina rosolando, grigliare o cuocendo alla griglia il cibo per aggiungere uno strato esterno croccante e dorato.

Con un controllo preciso della temperatura in cucina, sous vide offre i seguenti vantaggi:

- Consistenza. Poiché cucini il cibo a una temperatura precisa per un periodo di tempo preciso, puoi aspettarti risultati molto costanti.
- Gusto. Il cibo cuoce nei suoi succhi. Questo assicura che il cibo sia umido, succoso e tenero.
- Riduzione dei rifiuti. Il cibo preparato tradizionalmente si secca e si traduce in sprechi. Ad esempio, in media, la bistecca cotta tradizionalmente perde fino al 40% del suo volume a causa dell'essiccazione. La bistecca cotta tramite cottura di precisione, non perde nulla del suo volume.
- Flessibilità. La cucina tradizionale può richiedere la tua costante attenzione. La cottura di precisione porta il cibo a una temperatura esatta e la mantiene. Non c'è da preoccuparsi per la cottura eccessiva.

1. Bistecca di fesa sottovuoto

Ingredienti per 2 porzioni

- 2 stk Rump steak (roast beef) a 250g
- 1 premio sale
- 1 prizepepper
- 1 cucchiaio di olio per la padella

Preparazione

Con la ricetta della bistecca è importante sapere in anticipo come si desidera la carne. Questo e lo spessore della carne determinano anche i diversi tempi di cottura e temperature di cottura - vedi sotto per i dettagli.

Lo spessore ideale delle bistecche dovrebbe essere compreso tra 2-3 cm e dovrebbe avere una bella marezzatura. Lavare prima la carne, asciugarla tamponando e poi aspirare ogni pezzo di carne in una pellicola da cucina adatta.

Ora mettere i due pezzi di carne uno accanto all'altro nel dispositivo sous vide (o forno a vapore) e cuocere secondo il grado di cottura desiderato - ecco alcuni aiuti: Raro 47 gradi, medio 55 gradi, ben cotto 63 gradi per ca. . 70 minuti. Più la carne è spessa, più a lungo deve essere cotta - piccolo aiuto: 4 cm circa 120 minuti, 5 cm 160 minuti.

Terminata la cottura togliete la carne, tagliatela dal sacchetto, raccogliete il succo - questo può servire da base per una salsa - tamponate un po 'la carne, salate e pepate, e in una padella molto calda con un filo di olio o burro su entrambi i lati ben caldi - ca. 60-90 secondi su ogni lato.

2. Roast beef sottovuoto

Ingredienti per 4 porzioni

- 1 kg di roast beef
- 1 cucchiaio di olio d'oliva
- 3 rametti di rosmarino
- 3 rametti di timo
- 20 g di burro

Preparazione

Tempo totale ca. 5 ore e 20 minuti

La cosa più importante con la cottura sottovuoto di carne o pesce è che tu abbia una macchina sottovuoto e nella migliore delle ipotesi una cucina sottovuoto.

Per prima cosa togli la bistecca dalla confezione e lavala con acqua fredda, quindi tamponala con carta crespa.

Separare le foglie di timo e rosmarino dallo stelo e non aspirare lo stelo perché è troppo duro.

A questo punto strofinare il roast beef con l'olio d'oliva e metterlo in un sacchetto di plastica adatto alla cottura sottovuoto. Quindi aggiungere alla busta le foglie di timo e rosmarino. Aspirare tutto in questo sacchetto.

Preriscaldare la pentola sottovuoto a 56 gradi e aggiungere il roast beef a bagnomaria. La carne deve poi essere cotta a bagnomaria per 5 ore.

Dopo 5 ore, togli la bistecca dal sacchetto e tamponala. Riscaldare una bistecchiera e rosolare brevemente la carne su ogni lato per un massimo di 1 minuto. Mettere il burro nella padella per arrotondare.

Quindi lasciare la bistecca su un piatto preriscaldato per 3 minuti.

3. Filetto di bisonte con fave

Ingredienti per 2 porzioni
- 1 tazza di polenta
- Sale e pepe, bianco
- 1 tazza di latte
- 1 tazza d'acqua
- 30 g di spugnole essiccate (spugnole nere)
- 3 proteine
- Burro
- 150 g Fagioli (fave), congelati
- 100 ml di succo d'arancia
- 1 cucchiaio. Dragoncello, foglie colte
- 300 g di filetto di bisonte
- 1 cucchiaio. burro chiarificato

Preparazione

Tempo totale ca. 30 minuti

Sigilla il filetto di bisonte in un sacchetto di plastica. Lasciarlo a bagno a bagnomaria a 65 ° C per circa 2 ore. Disimballate il filetto di bisonte, aggiustate di sale e pepe e lasciate che tutti i lati prendano brevemente e vigorosamente il colore nel burro chiarificato, fatelo riposare per almeno 5 minuti, poi tagliatelo in due fette.

Cuocere la polenta in una miscela di latte e acqua con un po 'di sale. Mettere a bagno le spugnole, quindi tagliarle a pezzetti e unirle alla polenta raffreddata. Possibilmente. Aggiungere l'acqua di ammollo delle spugnole per migliorare la consistenza. Montare a neve ferma gli albumi con poco sale, piegarli sotto la polenta e versare il composto in stampini imburrati. Cuocere a bagnomaria a 180 ° C fino a quando saranno leggermente dorati.

Lasciate scongelare le fave, eliminate la buccia spessa. Ridurre un po 'il succo d'arancia, aggiungere il burro e il sale. Riscaldare solo brevemente le fave. Tritate finemente il dragoncello e aggiungetelo prima di servire.

4. Filetto di salmone sottovuoto

Ingredienti per 4 porzioni
- 450 g di filetto di salmone, fresco
- Olio d'oliva
- Sale e pepe
- Polvere d'aglio
- Succo di limone

Preparazione

Tempo totale ca. 1 ora

Preparare un sacchetto sottovuoto adatto, aspirare il salmone con 1 cucchiaino di olio d'oliva e un po 'di sale. Mettere con cura il salmone nel sacchetto sottovuoto a bagnomaria preriscaldato a 52 ° C e cuocere per circa 20 - 25 minuti.

Quindi togli il salmone dalla vasca, togli con cura il pesce dal sacchetto e friggi leggermente in padella, ma può essere consumato anche direttamente.

Disporre di sale e un po 'di pepe con un po' di succo di limone, a seconda dei gusti. Servire su verdure o riso, a seconda del gusto.

5. Costata di manzo - cotta sottovuoto

Ingredienti per 3 porzioni
- 4 cucchiai. salsa Worcester
- 2 cucchiai. sale
- 1 cucchiaio. Pepe, appena macinato
- 1 cucchiaio. olio di colza
- 1,3 kg Roast beef (costata alta, con osso)

Preparazione

Tempo totale ca. 8 ore e 30 minuti

Strofina generosamente la costola alta con la salsa Worcestershire. Quindi cospargere di sale e strofinare anche. Mettere in un sacchetto sottovuoto e sigillare. Trasferire nel contenitore Sous Vide e cuocere per 8 ore a 56 ° C. Quando il tempo sarà scaduto, rosolare le costine su tutti i lati in una padella o sulla griglia. Quindi tagliare a fette e spolverare con pepe macinato fresco.

Questo va bene con verdure saltate in padella e salse a tuo piacimento.

6. Filetto di maiale con crema di dragoncello

Ingredienti per 4 porzioni

- 1 maiale
- 1 mazzetto di Dragoncello, più fresco
- 1 cucchiaio. Senape, grintosa
- 200 ml di crema
- 1 scalogno
- 1 cucchiaio. Olio di semi di girasole
- 10 g di burro
- Sale e pepe

Preparazione

Tempo totale ca. 1 ora e 50 minuti

Lavare il filetto di maiale, asciugarlo tamponando e rimuovere il grasso in eccesso e i tendini. Strofinare con olio di semi di girasole, sale e pepe. Lavate il dragoncello, asciugatelo e tritatelo finemente. Pelare e tagliare a dadini lo scalogno.

Mettere il filetto di maiale in un sacchetto, aggiungere un cucchiaino di dragoncello e aspirare. Cuocere al ripiano 3 nel programma "Sous vide" a 65 ° C per ca. 80 minuti nella pentola a vapore.

Nel frattempo far rosolare i cubetti di scalogno nel burro fino a renderli traslucidi e poi sfumare con la panna. Incorporate la senape, aggiungete il restante dragoncello e lasciate sobbollire un po '.

Quando il filetto di maiale è cotto, viene fritto in una padella molto calda. Quando la carne sottovuoto è stata cotta, non ha crosta. Per non modificare in modo significativo il punto di cottura durante la cottura arrosto, la padella deve essere molto calda in modo che la crosta si formi molto velocemente. Tagliate il maiale ad angolo e adagiatelo sulla crema di dragoncello.

7. Merluzzo sottovuoto

Ingredienti per 2 porzioni
- 2 Filetti di merluzzo
- 2 cucchiai. Prezzemolo essiccato
- 4 cucchiai. olio d'oliva
- 2 dita di aglio
- 1 cucchiaino di succo di limone

- Sale e pepe

Preparazione

Tempo totale ca. 30 minuti

Fare una marinata con olio d'oliva, prezzemolo, aglio pressato, succo di limone, sale e pepe.

Prepara due sacchetti sottovuoto. Distribuire la marinata sui filetti di pesce e saldare i filetti con il dispositivo sottovuoto.

Cuocere per 20 minuti a 52 gradi.

Consiglio: mescolate velocemente il pesce cotto in una padella con burro caldo.

8. Pancetta di maiale cotta sottovuoto

Ingredienti per 2 porzioni

- 500 g di pancetta disossata
- 30 g di sale per decapaggio (sale per decapaggio con nitrito)
- 15 g di zucchero, marrone
- 1 foglia di alloro
- 10 bacche di ginepro
- 10 grani di pepe
- 3 chiodi di garofano
- 2 cucchiai. Senape mediamente piccante
- Pepe, nero, macinato grossolanamente

Preparazione

Fai bollire 300 ml di acqua con sale marinaro e zucchero di canna in una casseruola fino a farla diventare una salamoia. Lasciate raffreddare la salamoia e vaccinate la carne con una siringa di salamoia.

Schiacciare le bacche di ginepro e il pepe in grani e aggiungerli al resto della salamoia con la foglia di alloro e chiodi di garofano. Mettere la pancetta con la salamoia in un sacchetto da freezer, chiudere bene e lasciare in frigo per 12 ore.

Togliere la carne, lavare, asciugare, condire con pepe e spennellare con senape. Aspirate la pancetta e fatela cuocere a bagnomaria a 65 gradi per 24 ore.

Quando il tempo di cottura è terminato, togliere la carne dal sacchetto sottovuoto, tagliare la cotenna a forma di diamante e friggere fino a renderla croccante sotto la griglia in forno. Tagliare la pancetta a fette e servire con crauti e purè di patate.

9. Rotolo d'anatra sottovuoto

Ingredienti per 6 porzioni

- 2 Club (anatra)
- 1 petto d'anatra
- Pancetta, più grassa
- 50 g di pistacchi, tritati grossolanamente
- 80 g di noci di macadamia, tritate grossolanamente
- 2 piccoli uovo
- Crema
- sale
- Pepe
- 150 g di pancetta
- Pepe,
- Sale marino

Preparazione

Tempo totale ca. 1 ora e 40 minuti

Togliere la pelle dalle cosce e dal petto d'anatra, tagliarli molto finemente e friggerli lentamente in padella fino a renderli croccanti. Quindi mettere su un setaccio a scolare.

Liberare le cosce d'anatra e preparare un brodo con le ossa

Tagliate il petto d'anatra a listarelle

Tagliare finemente la pancetta.

Fare una farsa con la carne delle cosce, la panna, le uova, le spezie e la pancetta. Mescolare i pistacchi e le noci e parte della pelle d'anatra arrosto sotto la farsa.

Adagiare la pancetta sovrapposta su una tavola e stendere la farsa su di essa, stendere sopra le fettine di petto d'anatra. Arrotolate il tutto con la pancetta.

Mettere il rotolo in un sacchetto sottovuoto e cuocere a 60 ° per circa 1 ora.

Togliere il rotolo dal sacchetto e friggerlo brevemente tutto intorno nel grasso d'anatra, tagliarlo a fette per servire e spolverare con la pelle d'anatra arrosto e un po 'di pepe della Tasmania macinato fresco e fleur de sel.

10. Sella di maiale sous vide

Ingredienti per 4 porzioni

- 800 g di maiale
- 2 dita di aglio
- 3 cucchiai. burro
- 1 foglia di alloro
- Olio d'oliva
- Pepe, nero dal mulino
- sale

Preparazione

Tempo totale ca. 2 ore e 20 minuti

Strofinare la parte posteriore con un filo d'olio e coprire con fettine di aglio e alloro e passare l'aspirapolvere.

Mettere a bagnomaria a 60 ° per ca. 75-90 minuti. In alternativa, puoi anche usare il piroscafo.

Il tempo è di secondaria importanza, poiché la carne non può riscaldarsi più di 60 °. È meglio lasciarlo più a lungo se non sei sicuro.

Quindi tirare fuori la carne di maiale, far schiumare il burro in una padella calda e friggere brevemente la carne. Condite con sale e pepe e tagliate a pezzi.

Questo va con risotti e verdure arrosto (es. Peperoni appuntiti).

La carne è quindi molto tenera, rosa chiaro e molto saporita.

11. Cosciotto d'agnello cotto sottovuoto

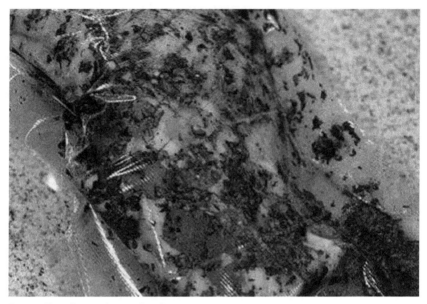

Ingredienti per 6 porzioni

Per la marinata:

- 1 manciata di pepe nero
- 1 manciata di sale
- 1 tubero d'aglio
- 1 mazzetto di coriandolo
- 2 Scalogno
- 1 lime

Per la carne:

- 1 Cosciotto di agnello, con osso, 2-3 kg
- 1 manciata di sale

Preparazione

Tempo totale ca. 18 ore e 30 minuti

Avvolgere il bulbo d'aglio in un foglio di alluminio e arrostire sulla griglia o in forno a 180 ° C per un'ora.

Per la marinata, macinare finemente sale e pepe in un mortaio. Tagliare a metà l'aglio arrostito e ora morbido e strizzarlo per metà nel mortaio. Tritate il coriandolo e lo scalogno e aggiungeteli al mortaio. Spremi il lime, aggiungi il succo al mortaio e mescola il tutto in una sospensione.

Riempire un bagnomaria sottovuoto e preriscaldare a 58 ° C.

Parate il cosciotto d'agnello. Se ha un tappo di grasso forte, rimuoverlo un po '. Tagliare il tappo grasso a forma di diamante, facendo attenzione a non ferire la carne. Salare la coscia, strofinarla con la marinata, aggiungere l'aglio rimasto e aspirare la coscia. Cuocere sottovuoto per 18 ore (questo non è un errore di battitura).

Dopo la cottura, togliere la coscia dal sacchetto e asciugare tamponando. Grigliare sulla griglia a fuoco diretto per creare aromi arrostiti.

12.   **Cosce d'anatra confinate sottovuoto**

Ingredienti per 2 porzioni
- 2 Coscia d'anatra
- Sale marino
- Pepe, nero, macinato fresco
- 1 cucchiaio. Brodo d'anatra, concentrato
- 2 foglie di alloro, fresche
- 5 grainspimento
- 3 dischi di aglio, essiccato
- 2 cucchiai. Lardo (anatra) colmo, refrigerato

Preparazione

Tempo totale ca. 3 giorni 8 ore 5 minuti

Strofinare bene le cosce d'anatra con il brodo d'anatra, aggiustare di sale e pepe. Aspirare insieme agli altri ingredienti in un sacchetto (poiché un po 'di liquido viene aspirato con una macchina per sottovuoto domestica, controllare attentamente che il cordone di saldatura non presenti perdite) e cuocere a 80 ° C per otto ore, quindi raffreddare rapidamente a bagnomaria almeno 15 minuti.

Lasciare in frigo per qualche giorno o più a lungo se possibile.

Servire a bagnomaria, scaldare a 75-80 ° C, togliere con cura dalla busta e, se necessario, rosolare brevemente la pelle sotto la salamandra o la griglia a infrarossi del forno.

13. Asparagi al curry rosso

Ingredienti per 2 porzioni

- 500 g di asparagi, bianchi
- 2 cucchiaini da tè Pasta di curry, rosso
- 3 cucchiai. Latte di cocco, congelato
- 1 pizzico di zucchero
- 1 pizzico di sale
- 1 cucchiaino di burro

Preparazione

Tempo totale ca. 55 minuti

Acquista gli asparagi freschi e sbucciarli.

Quindi condire gli asparagi con sale e zucchero - metterli in un sacchetto. Quindi distribuire gli ingredienti rimanenti nella busta. Distribuire un po 'la pasta di curry sugli asparagi. Mi piace usare il latte di cocco congelato per il metodo sous vide. Di solito ho bisogno di piccole quantità in modo da avere sempre un po 'di latte di cocco nel contenitore dei cubetti di ghiaccio e posso aspirarlo più facilmente.

Impostare il bagnomaria a 85 ° C e cuocere gli asparagi per 45 minuti.

Aprire la busta alla fine del tempo di cottura. Prendere il succo dall'acqua degli asparagi, dal curry e dal latte di cocco, addensare un po 'e servire con gli asparagi.

14. Filetto bollito

Ingredienti per 4 porzioni

- 1 kg di manzo
- 1 carota
- 50 g di radice di sedano
- 1 cipolla piccola
- 1 cucchiaio. olio
- 100 ml di vino bianco
- Sale marino
- 6 grani di pepe
- 1 foglia di alloro

Preparazione

Tempo totale ca. 20 ore e 15 minuti

Sbucciare la pelle dalla parte superiore del manzo bollito. Tagliare finemente la carota, la cipolla e il sedano. Scaldare l'olio in una padella e far rosolare le verdure. Sfumare con il vino bianco, far ridurre quasi completamente.

Strofinare il filetto bollito con un filo d'olio, sale (non troppo) e metterlo in un sacchetto sottovuoto. Aggiungere le verdure, la foglia di alloro e il pepe in grani e distribuire nel sacchetto. Passare l'aspirapolvere. Cuocere a bagnomaria a 60-65 ° C per 20 ore.

Quindi tirare fuori dal sacchetto, togliere le verdure e tagliare la carne di manzo bollita.

La carne diventa tenera, aromatica e mantiene un colore rosato uniforme. Ha un sapore delizioso con pangrattato, salsa verde o su ortaggi a radice.

La giusta temperatura è un po 'una questione di gusti. Lo cucino sempre a 64 ° C. Più a lungo ci rimane, più si perde la struttura della carne. Ancora un giorno e può essere schiacciato con la lingua. Mi piace un po '"più croccante".

La quantità per porzione è già abbastanza generosa, se ne può mangiare di più.

15. Pollo alla vaniglia con carote al miele

Ingredienti per 2 porzioni

- 2 Filetti di petto di pollo, senza pelle
- ½ baccello di vaniglia, tagliato a metà nel senso della lunghezza
- 2 cucchiai. Olio, semi d'uva
- 16 Carote, baby, sbucciate
- 2 cucchiai. burro
- 3 cucchiai. Miele di acacia
- sale
- Pepe, nero, macinato

Preparazione

Tempo totale ca. 4 ore

Aspirate i filetti di petto di pollo con l'olio, il baccello di vaniglia e il pepe e lasciate marinare per almeno 2 ore.

Aspirare ogni 8 carote con 1 cucchiaio. burro e 1,5 cucchiai. miele.

Cuocere il pollo a 60 ° per 100 minuti a bagnomaria o in pentola a vapore. Estrarre dal sacchetto e rosolare in una padella preriscaldata. Poi sale.

Cuocere le carote a 85 ° per 25 minuti in forno a vapore oa bagnomaria. Quindi mettere in una padella preriscaldata e friggere fino a quando il miele si sarà caramellato. Sale e pepe.

Disporre su piatti preriscaldati.

Si sposa bene con il cuscus o la polenta.

16. Bistecca di manzo sottovuoto con vino rosso

Ingredienti per 2 porzioni

- 2 Bistecca di manzo (anca), ca. 250 g ciascuno
- 4 rametti di rosmarino
- 4 rametti di timo
- 100 ml di vino porto
- 150 ml di vino rosso
- Olio d'oliva, buono
- Burro chiarificato
- Sale marino, grosso
- Pepe (bistecca al pepe)
- 1 cucchiaino, zucchero a velo
- 1 cucchiaio. Burro, freddo
  Preparazione
  Tempo totale ca. 2 ore

Asciugare le bistecche di manzo e passarle con l'aspirapolvere con un rametto di timo e rosmarino e un filo di olio d'oliva.

Riscalda il bagno sottovuoto a 56 gradi e poi mettici dentro i sacchetti.

Poco prima della fine della cottura far caramellare lo zucchero in un pentolino e sfumare con il vino rosso e il Porto. Aggiungere le erbe rimanenti e lasciare cuocere il vino a fuoco lento.

Dopo 90 minuti, rimuovere le bistecche dal bagnomaria. Metti una padella con il burro chiarificato e lascia che il burro diventi molto caldo. Nel frattempo, picchietta leggermente le bistecche. Rosolare brevemente le bistecche nel burro per circa 5-10 secondi su ciascun lato, quindi avvolgerle in un foglio di alluminio e tenerle al caldo.

Mettere il composto di vino nella padella e ridurre a 1/3, aggiustare di sale e pepe e addensare con un po 'di burro.

Mettere la salsa nel piatto e adagiarvi sopra la bistecca, cospargere di sale grosso e pepe.

Le patate al forno si sposano molto bene con questo.

17. Salmone sottovuoto cotto

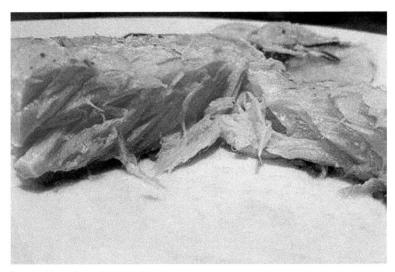

Ingredienti per 1 porzioni

- 200 g di filetto di salmone con la pelle
- 2 fette di limone, affettate sottilmente
- 2 rami di aneto
- ½ spicchio d'aglio, tagliato a fettine sottili
- Rosmarino
- Timo
- 2 gocce di olio d'oliva
- Pepe

Preparazione

Tempo totale ca. 45 minuti

Tampona il salmone. Spennellate leggermente con olio d'oliva e pepe. Mettere in una borsa sottovuoto. Spalmate sul pesce le fette di limone, l'aglio e le erbe aromatiche e passate il tutto con l'aspirapolvere.

Scaldare un bagnomaria con un bastoncino sous vide a 45 ° C e cuocere il sacchetto con il suo contenuto per ca. 30 minuti. Dopo 30 minuti, togli il salmone dalla confezione.

Mettere approssimativamente in una padella calda sul lato della pelle per 10 secondi e far rosolare ben caldo, servire subito.

Ognuno può quindi condire a piacere con sale, pepe, limone e peperoncino.

18. Pancetta di maiale sottovuoto

Ingredienti per 2 porzioni

- 500 g di pancetta di maiale, non stagionata
- 1 foglia di alloro, fresca
- 3 bacche di ginepro
- sale
- Pepe, nero, dal mulino

Preparazione

Tempo totale ca. 15 ore 5 minuti

Dividete la foglia di alloro a pezzi. Spremi le bacche di ginepro. Strofinare la pancetta con un po 'di sale, peparla delicatamente e metterla in un sacchetto sottovuoto con bacche di ginepro e foglie di alloro.

Vuoto e cuocere a bagnomaria a 75 ° C per 15 ore.

Il risultato è una pancetta di maiale tenera, aromatica e succosa, ma non più rosea.

19. Filetto di manzo intero dopo sous vide

Ingredienti per 4 porzioni

- 500 g di filetto di manzo, intero
- 1 rametto di rosmarino
- 2 cucchiai. burro
- 2 cucchiaini da tè sale
- 1 cucchiaino di pepe nero
- 3 bacche di ginepro
- Alcuni aghi di rosmarino

Preparazione

Tempo totale ca. 3 ore e 15 minuti

Lavate il filetto di manzo intero, asciugatelo tamponando con carta da cucina e portatelo lentamente a temperatura ambiente (toglietelo dal frigo circa 2 ore prima).

Quindi saldare in carta stagnola con il rametto di rosmarino.

41

La ciotola del Cooking Chef fino a max. Riempire la tacca con acqua e impostarla a 58 ° C (mettere il paraspruzzi, mescolando con intervallo 3 senza agitatore).

Quando la temperatura sarà raggiunta, aggiungere il filetto di manzo saldato e lasciarlo lì per 3 ore. Chiudere il paraspruzzi in modo che la temperatura rimanga costante! Quindi estrarre il CC e aprire il film.

Scaldate nella padella il burro con il sale, il pepe, le bacche di ginepro pressate e qualche spillo di rosmarino e fatelo rosolare leggermente. Rosolare brevemente il filetto su entrambi i lati (tutto sommato circa 1 min.).

Basta tagliare aperto (fette non troppo sottili) e servire.

20. Bistecca di manzo alla ciabatta

Ingredienti per 1 porzioni

- 300 g di manzo
- 1 confezione di rucola
- 100 g di pinoli
- 2 spicchi d'aglio
- 100 g di parmigiano
- 150 ml di olio d'oliva
- 1 Ciabatta per la cottura
- 50 g di pomodorini
- 1 palla di mozzarella
- Sale e pepe

Preparazione

Tempo totale ca. 1 ora e 55 minuti

Aspirate il filetto di manzo e lasciate riposare per 10-15 min. lasciate riposare a temperatura ambiente. Riscaldare l'acqua a 56 ° C e mettere il filetto a bagnomaria a temperatura costante. Cuocere approssimativamente a bagnomaria per 50 - 55 minuti.

Nel frattempo, cuocere il pane secondo le istruzioni sulla confezione.

Preparate il pesto - mescolate rucola, pinoli, parmigiano e olio fino ad ottenere un composto cremoso. Tagliate la mozzarella e il pomodoro a cubetti.

Tagliate il pane a fette e spennellate con il pesto. Disporre i pezzi di pomodoro e mozzarella sulle fette ricoperte.

Riscaldare una padella e rosolare il filetto. Servire cosparso di sale e pepe.

21. Coscia di pollo sous vide

Ingredienti per 1 porzioni
- 1 coscia di pollo grande
- Paprica
- Sale e pepe

Preparazione

Tempo totale ca. 1 ora e 40 minuti

Strofinare la coscia di pollo con pepe, sale e paprika e sigillarla in un sacchetto sottovuoto. All'occorrenza è presente anche una borsa freezer con chiusura a scivolo, nella quale si aspira l'aria con una cannuccia.

Scaldare un bagnomaria a 82 ° C e mettere il sacchetto sottovuoto a bagnomaria e cuocere la coscia di pollo per circa 90 minuti a 82 ° C costanti. Non importa più.

Quando il tempo di cottura è raggiunto, preriscaldare una bistecchiera al livello più alto e impostare anche la griglia grande nel forno al livello più alto più il programma grill.

Togliere la coscia di pollo dal sacchetto sottovuoto e metterla nella padella riscaldata. Posizionare la teglia immediatamente sotto la griglia e grigliare la coscia in forno per 2-4 minuti fino a quando la pelle non sarà croccante. La coscia è cotta fino all'ultima osso e ha un piacevole aroma di griglia.

22. Gamba in camoscio sottovuoto

Ingredienti per 2 porzioni

- 500 g Coscia di camoscio, disossata, preparata dal macellaio
- 200 ml di vino rosso secco
- Fondo selvatico da 200 ml
- 6 Data, senza pietra
- 2 cucchiai. Aceto di sidro di mele
- 2 cucchiai. burro chiarificato
- 2 Cipolla, rossa
- 1 cucchiaino di condimento di cervo

Preparazione

Tempo totale ca. 2 ore e 40 minuti

Friggere la coscia di camoscio nel burro chiarificato. Lascia che la gamba si raffreddi un po 'e poi sigillala con un foglio. Cuocere a bagnomaria a 68 gradi per circa 2 ore.

Tagliare le cipolle a bastoncini, tritare metà dei datteri, tagliare l'altra metà a fettine.

Soffriggere lentamente la cipolla nella padella della coscia. Aggiungi i datteri tritati. Sfumare con vino rosso, sugo selvatico e aceto di mele e ridurre a metà. Aggiungere le spezie di selvaggina e le fette di dattero.

23. Filetto sbagliato sous vide cotto

Ingredienti per 4 porzioni

- 1 kg di spalla di manzo (falso filetto)
- 2 cucchiai. burro
- 2 cucchiaini da tè timo
- 1 cucchiaino di pepe nero
- 2 spicchi d'aglio

Preparazione

Tempo totale ca. 2 ore e 30 minuti

Disimballare il filetto e asciugarlo. Parate la carne in modo pulito. Strofinare con il burro in modo che il pepe e il timo aderiscano meglio. Mettere il filetto con l'aglio schiacciato in un sacchetto sottovuoto e sottovuoto.

Mettere il filetto sbagliato nel dispositivo sous vide a 54 ° C e lasciarlo lì per due ore.

Dopo due ore, aprire la busta e grigliare su tutti i lati per 2-3 minuti a fuoco diretto. Terminata la cottura, lasciate riposare la carne per circa 3 - 5 minuti, dopodiché è pronta.

Affettato finemente, ad esempio come antipasto, assolutamente delizioso.

24. Controfiletto di manzo cotto sous vide

Ingredienti per 2 porzioni

- 600 g di manzo
- 1 pizzico di sale
- 1 pizzico di pepe
- 2 cucchiai. Olio colmo
- 1 pezzetto di burro o burro alle erbe

Preparazione

Tempo totale ca. 1 ora e 29 minuti

Prendi 2 lombi di manzo da 300 grammi, idealmente dal macellaio. Puoi passare l'aspirapolvere dal macellaio o farlo da solo a casa, anche con le erbe.

Riscalda una pentola d'acqua e poi aspetta che bolle. Non dimenticare di coprirlo con il coperchio. Non appena l'acqua bolle correttamente, ha una temperatura di ca. 100 gradi.

Metti la pentola con il coperchio sul fornello e attendi circa 5 minuti. Quindi l'acqua ha una temperatura compresa tra 85 e 90 gradi. Ora metti la carne nel sacchetto sottovuoto nell'acqua fino a coprirla. Rimetti il coperchio e lascia sobbollire per 15 minuti.

Con questo raggiungiamo una temperatura interna di ca. 50 gradi nella carne. Trascorso questo tempo, tiralo fuori dalla pentola e lascialo riposare per 4-5 minuti.

Ora la carne esce dalla sua borsa. Lo massaggiate con olio e lo condite con sale e pepe su ogni lato. Fate scaldare contemporaneamente la padella e poi rosolate la fine della cottura, a ca. 1,5 minuti per lato. Ora togli la padella dal fuoco e aggiungi un pezzo di burro (alle erbe). In modo che la carne si sfreghi da tutti i lati e lasci riposare di nuovo la carne.

Disporre ora sul piatto e versarvi sopra il restante burro alle erbe se necessario.

25. Patate con yuzu fermentato

Ingredienti per 4 porzioni

- 700 g di patate, cottura compatta
- 50 g di sedano
- 50 g di carote
- 1 scalogno
- 10 g di Yuzu, fermentato
- 20 ml di brodo vegetale
- 1 pizzico di zucchero
- Salsa di soia

Preparazione

Tempo totale ca. 2 ore 35 minuti

Pelare le patate, tagliarle a cubetti (circa 2 cm di bordo), sbollentarle brevemente in acqua salata e lasciar raffreddare.

Tagliare il sedano, le carote e lo scalogno a cubetti molto fini.

Mettete tutti gli ingredienti in un sacchetto sottovuoto insieme allo yuzu fermentato, al brodo vegetale e ad un pizzico di zucchero. Applicare sottovuoto medio e cuocere a 85 ° C per circa 2 ore.

Quindi apri la busta e condisci con un po 'di soia yuzu.

26. Asparagi bianchi sous vide

Ingredienti per 2 porzioni
- 800 g Asparagi, bianchi
- 1 cucchiaino di zucchero
- 1 pizzico di sale
- 50 g di burro
- Erbe aromatiche

Preparazione

Tempo totale ca. 40 minuti

Pelare gli asparagi e tagliare le estremità. Mettere le lance di asparagi in un sacchetto, aggiungere sale, zucchero e burro e passare l'aspirapolvere.

Cuocere sul ripiano 3 nel programma "Sous vide" a 85 ° C per ca. 30 minuti nella pentola a vapore.

Se lo desideri, puoi aspirare erbe aromatiche come basilico, aglio orsino, timo, rosmarino o menta con gli asparagi. Ma attenzione! L'esperienza gustativa diventa piuttosto intensa.

27. Petto d'oca sottovuoto

Ingredienti per 4 porzioni
- 2 Petti d'oca innescati da oche selvatiche
- 2 cucchiaini da tè Sale, grosso
- 1 cucchiaino di pepe in grani, nero
- 6 bacche di ginepro
- 3 pimento
- 200 ml di olio di noci
- 100 ml di vino rosso
- Fondo selvatico da 200 ml
- Amido di mais per l'impostazione
  Preparazione
  Tempo totale ca. 1 ora e 25 minuti
  Morta le spezie. Metti 1 petto ciascuno in un sacchetto sottovuoto. Aggiungere 100 ml di olio di noci in ogni

busta. Sottovuoto e cuocete a bagnomaria a 68 gradi per circa 1 ora.

Quindi rimuovere, asciugare e friggere tutto intorno nella padella. Lascia riposare un po 'e poi taglia.

Nel frattempo sfumare l'arrosto con il vino rosso e farlo bollire un po '. Versare il brodo di selvaggina, eventualmente condire con sale, pepe e zucchero e poi legare con la maizena.

28. Coniglio sottovuoto

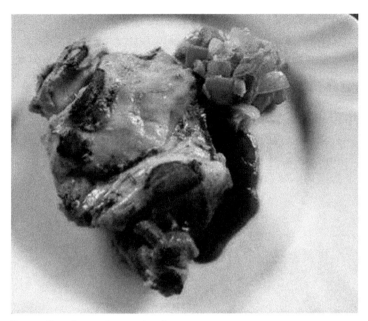

Ingredienti per 4 porzioni

- 4 Coscia di coniglio
- 1 cipolla
- 3 carote
- 1 barretta di porro
- 1 spicchio d'aglio
- 1 radice di sedano più piccola
- Rosmarino
- 2 cucchiai. olio d'oliva
- Sale e pepe

Preparazione

Tempo totale ca. 3 ore e 30 minuti

Lavate le cosce di coniglio e asciugatele con carta da cucina. Liberare le ossa e condire la carne con sale e pepe.

Pelare la cipolla, lo spicchio d'aglio, le carote e il sedano e tagliarli a cubetti. Tagliate il porro a listarelle. Fate appassire il tutto in una casseruola con 1 cucchiaio di olio d'oliva per 3 minuti e lasciate raffreddare. Aggiungere il rosmarino a piacere. Mettere le cosce e le verdure in un sacchetto sottovuoto e sottovuoto.

Cuocere le cosce di coniglio nel dispositivo sous vide a 65 gradi per 3 ore.

Lasciate che il brodo della busta si riduca un po 'e mettete un sugo. Friggere le cosce nell'olio d'oliva rimasto. Disporre le verdure dal sacchetto sui piatti.

29. Cosciotto di agnello sous vide

Ingredienti per 4 porzioni

* 1 kg Cosciotto d'agnello disossato
* Sale e pepe
* 1 rametto di rosmarino
* 1 cucchiaio. burro chiarificato

Preparazione

Tempo totale ca. 19 ore

Salate e pepate normalmente da tutti i lati il cosciotto di agnello disossato, ponete un rametto di rosmarino nell'apertura dell'osso. Ripiegate la carne, mettetela in un apposito sacchetto sottovuoto e sottovuoto.

Preriscaldare il fornello sottovuoto a 65 ° C, inserire la carne e cuocere a 65 ° C per 18 ore.

Trascorso il tempo di cottura, togliere la carne dal sacchetto, tamponare e friggere brevemente e vigorosamente nel burro chiarificato. Tenere in caldo a 65

° C o saldare nuovamente e riscaldare a 65 ° C nella pentola sottovuoto se necessario.

La carne è appena passata e tenera.

30. Filetti di coccodrillo sottovuoto

Ingredienti per 4 porzioni

- 500 g Filetto (filetti di coccodrillo)
- 1 Limoni
- 1 cucchiaio. olio di limone
- 3 cucchiai. olio d'oliva
- 4 Cipollotto, tagliato a rondelle sottili
- ½ limone, il succo
- Pepe
- sale
- 1 rametto di rosmarino

Preparazione

Tempo totale ca. 4 ore e 30 minuti

Lavate i filetti e asciugateli.

Mescola tutti gli ingredienti per la marinata. Mettere i filetti nei sacchetti e coprire con la marinata. Tagliate il limone intero a fettine sottili e adagiatelo sui filetti.

Sigillare le buste sottovuoto, se possibile, conservare in frigorifero per 1 - 2 ore. Cuocere dolcemente in una pentola sottovuoto a 80 ° C per 3 ore.

Togliere i filetti dai sacchetti e grattarli via grossolanamente. Riscaldare una padella larga con abbondante burro.

Rosolare solo brevemente a fuoco vivo in modo che i filetti diventino dorati.

Servite subito.

Una salsa di limone e mele cotogne si sposa bene con questo.

31. Salmone con crema di formaggio

Ingredienti per 2 porzioni

- 250 g di salmone, congelato
- 200 g di panna liquida
- 2 tazze di Basmati
- 4 tazze d'acqua
- 1 Limoni
- 1 curry in polvere

Preparazione

Tempo totale ca. 45 minuti

Quando il salmone è scongelato, asciugalo un po 'e poi condiscilo. Quindi arriva in sacchetti sottovuoto Sous Vide.

Impostare la macchina per sottovuoto con uno spessore di pesce di ca. 1,5 - 2 cm a 55 ° C per 15 minuti. Il pesce è ancora vetroso e non secco dopo, e ha un ottimo sapore.

Fondamentalmente è importante con il riso basmati che sia messo a bagno per circa 15 minuti, a seconda della quantità. Quindi dovrebbe essere risciacquato accuratamente fino a quando l'acqua diventa limpida e non è più lattiginosa. Quindi deve essere preparato secondo le istruzioni del produttore. mescolare il riso basmati con un po 'di scorza di limone a fine cottura, ha un sapore molto rinfrescante!

Mescolare semplicemente la crema di formaggio con un po 'di scorza di limone e curry in polvere. Assaggiato molto bene e si sposava bene con il salmone.

32. Coscia d'oca sous vide

Ingredienti per 4 porzioni

- 4 Coscia d'oca
- 2 Arancia
- 2 mele
- Sale e pepe

Preparazione

Tempo totale ca. 1 giorno 8 ore 40 minuti

Condire le cosce d'oca con sale e pepe. Tagliare la buccia delle arance e tagliarle a fettine. Lavate le mele, tagliatele in quattro, privatele del torsolo e tagliatele a pezzetti.

Mettere le cosce d'oca, le arance e le mele in un sacchetto sottovuoto e sottovuoto. Mettere in frigo per 1 giorno in modo che le cosce d'oca possano passare.

Mettere le cosce con la frutta nella pentola sottovuoto e lasciarle riposare per 6 ore a 70 gradi. Quindi lasciate macerare per altre 2 ore a 80 gradi.

Togliere le cosce dalla busta e infornare fino a renderle croccanti in forno a 200 gradi. Mettere il brodo, le arance e le mele in una salsa preconfezionata, mescolare e passare.

Inoltre, gnocchi di pane, cavolo rosso e castagne glassate sono ottimi.

33. Petto d'oca sottovuoto

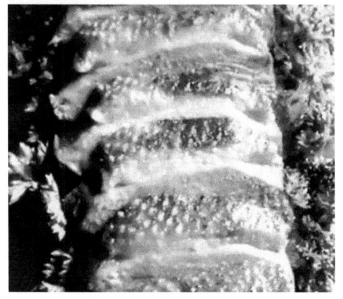

Ingredienti per 2 porzioni
- ½ petto d'oca, ca. 300g
- Sale e pepe

- Paprika in polvere, dolce nobile
- Burro chiarificato
- 1 scalogno
- Fondo oche

Preparazione

Tempo totale ca. 12 ore e 20 minuti

Strofinare il petto d'oca disossato con le spezie, aspirare nel sacchetto e cuocere a bagnomaria a 65 gradi per 12 ore.

Quindi prendi il petto d'oca dalla borsa. Raccogli il liquido di cottura.

Fate scaldare il burro chiarificato in una padella. Arrostite brevemente e nettamente i petti d'oca sul lato della casa, brevemente in modo che non post-cuociano, estraeteli e teneteli al caldo.

Tritate finemente lo scalogno, fatelo rosolare in un set da arrosto, versateci il liquido di cottura ed eventualmente il brodo d'oca, fatelo bollire un po ', quindi legatelo con il legante o il burro a piacere.

34. Roast beef stagionato a secco, sottovuoto

Ingredienti per 4 porzioni

- 800 g Roast beef stagionato a secco, in un unico pezzo
- Spezie a volontà

Preparazione

Tempo totale ca. 7 ore e 30 minuti

Pulite il roast beef e chiudetelo in un sacchetto sottovuoto. Riscaldare l'acqua a 52 gradi (mediamente cotta) con un Sous vide Stick, lasciare la carne a bagnomaria per circa 7 ore.

Rimuovere il sacchetto sottovuoto e aggiungere il succo di carne al contorno (se lo si desidera).

Condire la carne e rosolarla tutto intorno in padella. Tagliare a fette ca. 1 cm di spessore e disporre.

35. Trota salmonata su letto di verdure

Ingredienti per 4 porzioni

Ingredienti per 4 porzioni

- 1 trota salmonata grande sfilettata su 4 pezzi, le carcasse salvo per la parte posteriore
- 50 g di sedano tritato finemente
- 50 g di carote, tritate finemente
- 50 g di porro, tritato finemente
- Sbucciare la buccia d'arancia, larga, 2 volte con il pelapatate
- Prezzemolo
- Dragoncello
- Un po 'di scorza d'arancia
- 200 ml di brodo di pesce
- 60 ml di aceto, leggero, dolce (aceto balsamico di mele)
- 10 grani di pepe, bianchi
- 4 pimento
- 40 ml di vino bianco
- 60 ml Noilly Prat
- 4 cucchiai. Latte di cocco, l'ingrediente solido
- 2 cm di zenzero
- 2 gambi Limongrass, a pezzi
- 5 foglie di lime kaffir
- 3 grandi Patate dolci
- 2 m. In formato Patata
- Posteriore
- Sale e pepe

Preparazione

Tempo totale ca. 2 ore e 50 minuti

Per prima cosa sfilettare la trota salmonata e staccare la pelle. Estrarre le lische con un paio di pinze da pesce e

71

condire leggermente i filetti all'interno con sale e pepe. Quindi coprire l'interno con prezzemolo, dragoncello e scorza d'arancia e mettere da parte i filetti.

Portare a ebollizione il brodo di pesce con aceto, vino bianco, Noilly Prat, latte di cocco, le spezie (pimento, pepe, zenzero, citronella, foglie di lime kaffir) e le carcasse di pesce e ridurre di circa 15-20 minuti.

Nel frattempo soffriggere leggermente le strisce di verdura con la buccia d'arancia in un po 'di burro chiarificato e condire con sale e pepe.

Mettere alcune verdure in appositi sacchetti sottovuoto, adagiarvi sopra un filetto e versarvi del brodo. Quindi sigillare i sacchetti con un dispositivo di aspirazione.

Pelare le patate dolci e le patate, tagliarle a pezzi e cuocerle al vapore per circa 30 minuti. Quindi pressare con uno schiacciapatate e condire con un brodo addensato, salare e pepare e tenere in caldo.

Cuocere i filetti di pesce a bagnomaria a 56 ° C per 18 minuti.

Disporre una purea di patate dolci su piatti preriscaldati, aprire un sacchetto, stendere il contenuto sugli specchi e coprire con brodo di pesce. Decorate a piacere.

36. Dorso e zampe di coniglio con brodo

Ingredienti per 2 porzioni
- 1 dorso di coniglio o 2 filetti di coniglio
- 2 Coscia di coniglio (coscia di coniglio)
- 4 cucchiai di burro, freddo

Per il lago:
- 1 cucchiaino di bacche di ginepro
- 1 cucchiaino di pepe in grani
- 2 rametti di timo
- sale

Per il fondo:
- 1 Dorso di coniglio, comprese le ossa
- 1 piccola ciotola di zuppa di verdure
- 1 cipolla
- 2 cucchiai. olio
- 1 foglia di alloro
- 1 cucchiaino. pepe in grani

Per la salsa: (Demi-Glace)

- 1 cucchiaio. burro
- 2 Scalogno
- 1 cucchiaino, concentrato di pomodoro colmo
- 250 ml di vino rosso, più secco
- 150 ml di vino porto
- 2 rametti di timo
- 50 g di burro

Preparazione

Tempo totale ca. 1 giorno 9 ore 45 minuti

Mettere la carne in una salamoia aromatizzata per 24 ore. Ciò significa che la carne rimane più succosa, conserva un piacevole morso, è salata in modo ottimale e leggermente aromatizzata.

Pesare la carne e coprirla con almeno lo stesso peso d'acqua. Aggiungere al sale l'1,75% del peso totale di carne e acqua e sciogliere in acqua. Spremete le bacche di ginepro e il pepe e aggiungete all'acqua con il timo. Se necessario appesantire con un piatto per trattenere i pezzi di carne.

Togli le cosce di coniglio dalla salamoia e asciugale. Aggiungere il burro e aspirare le cosce. Cuocere sottovuoto per 8 ore a 75 ° C. Le cosce di coniglio possono quindi essere fritte in poco burro oppure disossate e lavorate ulteriormente.

Rimuovere i filetti posteriori dalla salamoia e asciugarli tamponando. Posizionare circa 30 cm di pellicola trasparente sul piano di lavoro. Posizionare i filetti uno sopra l'altro in direzioni opposte. Posiziona l'estremità sottile sull'estremità spessa e l'estremità spessa sull'estremità sottile in modo da creare un filo uniforme. Piega la pellicola trasparente e attorciglia le estremità in modo da creare un rotolo uniforme. I filetti devono

74

essere pressati strettamente insieme in modo che rimangano uniti dopo la cottura. Fissare le estremità del rotolo con il filo, posizionare il rotolo in un sacchetto sottovuoto e aspirare. Cuocere sottovuoto per 45 minuti a 58 ° C. L'involtino di filetto di dorso può essere tagliato e servito piacevolmente a fine cottura. La rosolatura non è necessaria.

Preriscaldare il forno a 220 ° C per la parte posteriore. Taglia le ossa a pezzi. Pulite le verdure della zuppa, a parte il prezzemolo, e tritatele grossolanamente. Taglia la cipolla in un quarto. Mescolare le verdure e l'olio e cuocere in forno per ca. 30-45 minuti fino a ottenere una bella abbronzatura. Eventualmente mescolare bene dopo la metà del tempo. Metti le verdure e le ossa in una grande casseruola. Eliminate i residui di arrosto dalla teglia con un po 'd'acqua e aggiungete. Aggiungere la foglia di alloro, i grani di pepe e il prezzemolo. Riempire con ca. 2 l di acqua, portare a ebollizione e cuocere a fuoco lento per 1,5 - 2 ore. Il tempo di cottura può essere ridotto di conseguenza nella pentola a pressione. Filtrare il brodo e strizzare bene le verdure e le ossa. Dovrebbe essere rimasto circa 1 litro.

Per il Demi-Glace, tagliare a dadini gli scalogni e stufare fino a renderli traslucidi con un po 'di burro. Aggiungere il concentrato di pomodoro e cuocere per qualche minuto. Aggiungere poco a poco il vino e il Porto e far bollire quasi completamente. Aggiungere il brodo di coniglio e il timo e far bollire lentamente fino a quando il sugo diventa cremoso. Se deve essere servito subito, legatelo con del burro ghiacciato. Se preferisci legare con la farina, puoi far rosolare il burro in una casseruola a parte finché non avrà un odore di nocciola, aggiungere 1 cucchiaio di farina e tostare brevemente. Fare attenzione a non bruciare il burro. Rabboccare con la salsa e mescolare continuamente in modo che non si formino grumi. La salsa legata può essere riscaldata bene.

37. Insalata greca sous vide

Ingredienti per 2 porzioni
- 1 cetriolo
- 2 cucchiaini da tè Aceto balsamico, bianco

- 3 cucchiaini di zucchero
- 2 steli di aneto
- 1 pomodoro grande
- 200 g di feta
- ½ cipolla, rossa
- 6 olive
- Olio d'oliva, buono

Preparazione

Tempo totale ca. 1 giorno 15 minuti

Pelare il cetriolo e tagliarlo in tre parti. Aspirare i pezzi di cetriolo con aceto balsamico, zucchero e aneto. Lasciate riposare in frigo per 24 ore.

Il giorno successivo, tagliare il cetriolo a strisce adatte e posizionarlo al centro del piatto. Tagliare il formaggio di pecora nella stessa dimensione e adagiarlo sul cetriolo. Quindi tagliare il pomodoro a fettine e adagiarvi sopra il pecorino. Cospargere un po 'di pepe sul pomodoro. Infine mettete la cipolla a listarelle sulla torretta. Guarnire con le olive e versare l'olio d'oliva sull'insalata a piacere.

Passando l'aspirapolvere il cetriolo ottiene un gusto molto più intenso. Il tempo ne vale la pena.

38. Manzo sous-vide picanha style

Ingredienti per 4 porzioni

- 1,2 kg di manzo
- 3 cucchiai. olio d'oliva
- 3 rametti di rosmarino
- 1 burro chiarificato
- Sale e pepe

Preparazione

Tempo totale ca. 1 giorno 1 ora

Per quanto possibile, il filetto bollito dovrebbe avere ancora lo strato di grasso spesso 0,5-1 cm, come con una picanha brasiliana. Questo viene tagliato a forma di diamante senza tagliare la carne.

Mettere la carne con l'olio d'oliva e gli aghi di rosmarino spellati in un sacchetto sottovuoto, chiudere sottovuoto e sigillare. Non aggiungere sale. Riscaldare nel termosifone a 56 gradi per 24 ore. Togliete la carne dopo il tempo di cottura, raccogliete un po 'del sugo che si è formato. Questo può essere aggiunto a una salsa di vino rosso preparata, per esempio.

Rosolare la carne nel burro chiarificato da tutti i lati, condire con pepe e sale. Tagliare in ca. Fette spesse 1 cm trasversalmente alla venatura. L'interno della carne è rosa (medio).

Ci sono, ad esempio, fagioli allo speck, finferli e crocchette o patate gratinate

39. Maiale tirato sottovuoto in stile asiatico

Ingredienti per 3 porzioni
- 1½ kg Collo di maiale senza ossa
- 2½ cucchiaini di polvere di cinque spezie
- ¼ di tazza di salsa hoisin
- 3 cucchiai. salsa di soia
- 3 cucchiai. miele
- 2 cucchiai. Vino di riso (vino di riso Shaoxing)
- 2 cucchiai. Zenzero, più fresco, grattugiato
- 2 cucchiai. Aglio, pressato
- 1 limone, buccia della stessa

Preparazione

Tempo totale ca. 20 ore 35 minuti

Hai bisogno di un fornello sottovuoto, un dispositivo di aspirazione e un sacchetto per sottovuoto. Suppongo che tu possa usare un sacchetto per congelatore molto denso, ma non mi fiderei davvero della densità.

Se hai il collo di maiale con l'osso, devi rimuoverlo o mettere due sacchetti uno sopra l'altro per la cottura sottovuoto in modo che l'osso non tagli un buco nel sacchetto e l'acqua penetri all'interno.

O lasciare il collo di maiale intero o tagliarlo a cubetti grossolani. Il vantaggio del taglio precedente è che la lunghezza delle fibre di carne è già determinata.

Mescolare gli altri ingredienti per la salsa marinata.

Ora taglia un sacchetto in una dimensione sufficientemente grande per la cottura sottovuoto e sii generoso. Salda già una cucitura con la macchina per sottovuoto e metti la carne nell'apertura del sacchetto.

Versare la salsa e aspirare il sacchetto facendo attenzione a non rimuovere la salsa.

Mettete abbastanza acqua nella pentola sottovuoto a 70 ° C. Quando la temperatura è raggiunta, mettete la busta in modo che sia completamente immersa. Suggerimento: aggiungo sempre acqua calda per risparmiare tempo. Lasciare la carne a bagnomaria per 20 - 24 ore.

Nel frattempo, assicurati di controllare se c'è ancora abbastanza liquido e, soprattutto, se il sacchetto galleggia dalla carne a causa dello sviluppo del vapore. Se è così, devi lamentarti e premere sotto la superficie. Posate, pinze, ecc. Possono essere utilizzate per questo - solo niente, per favore, che tiene l'acqua lontana dalla carne, come piatti e simili.

Opzionale: per una leggera crosta, preriscaldare il forno alla massima temperatura e grigliare o riscaldare la parte superiore.

Terminata la cottura, togliete la busta, tagliate un piccolo angolo e versate il liquido fuoriuscito in una casseruola. Togli la carne dal sacchetto. Ora è teoricamente finito e può essere ritirato.

Oppure, per una leggera crosta, asciugare la carne all'esterno. Mettere in una grande pirofila e grigliare in forno fino a formare una leggera crosticina. Quindi sminuzza la carne in una grande ciotola. Dovrebbe essere molto facile. Aggiungete ora la scorza del limone.

Prova la carne: se è troppo secca aggiungi un po 'di liquido. Altrimenti, fai bollire delicatamente il liquido fuoriuscito sul fornello.

Per fare questo, devi usare una spatola di silicone resistente al calore per mescolare costantemente e spostare la salsa sul fondo della pentola, perché il liquido contiene miele e salsa hoisin - entrambi tendono a bruciare.

Quando si ottiene la consistenza desiderata, la salsa può essere aggiunta alla carne e mescolata o servita separatamente. Di solito li mescolo. La miscela può anche essere sciolta bene con un po 'd'acqua.

Questo "Pulled Pork" in stile asiatico è piuttosto dolce e ora può essere mangiato in qualsiasi modo: sugli involtini di hamburger, negli involtini, nei tacos, ecc.

La carne è particolarmente buona con qualcosa di croccante, così come con un po 'di acido, come qualcosa di intarsiato. Ad esempio, prendo alcune fette di cetriolo che sono state brevemente immerse in una miscela di aceto-acqua-zucchero-sale, o cipolle rosse che sono state affettate con un pizzico di sale e zucchero e aceto leggero con una forchetta, o insalata di cavolo . Trovo molto belli anche il mais e i cipollotti.

Il congelamento funziona facilmente subito dopo la cottura sottovuoto. Raffreddare rapidamente, ri-aspirare e congelare mentre si è ancora nel sacchetto nel bagno di ghiaccio.

Utilizzare entro circa 4 settimane.

Per fare questo, scongelare delicatamente la carne in frigorifero per 2 giorni, quindi posizionarla sotto la griglia o friggerla tutta nella padella. Funziona solo se la carne è fredda e quindi più soda rispetto a quella appena tolta dal fornello sottovuoto. Quindi raccoglierle e, se necessario, riportale a piena temperatura nel microonde o in una casseruola.

La quantità è per 4 persone - da 1,5 kg dopo la cottura sottovuoto ca. 1,1 kg - è generosamente calcolato e varia a seconda dello scopo.

40. Uova sottovuoto

Ingredienti per 1 porzioni
1. 1 uovo, taglia L
2. 1 pizzico di sale e pepe

Preparazione

Ho impostato il sous vide stick a 62 ° C. Quindi mettere l'uovo o le uova a bagnomaria per 45 minuti.

Alla temperatura che ho impostato, il tuorlo d'uovo è ancora molto fluido, per questo può essere utilizzato anche come condimento per pasta o altri piatti. Il tuorlo d'uovo è più sodo a ca. 68 ° C e non cola su tutta la piastra. Terminata la cottura, spegnete l'uovo sotto l'acqua fredda, montatelo con un coltello e mettetelo nel piatto. Affina con sale, pepe e altre spezie a tuo piacimento.

40. Stinco di maiale sous vide

Ingredienti per 1 porzioni
- 1 Stinco di maiale o stinco di maiale
- Spezie a volontà

Preparazione

Tempo totale ca. 1 giorno 5 ore 20 minuti

Lo stinco di maiale fresco e non stagionato, noto anche altrove come stinco di maiale o in Austria come trampoli, viene lavato, asciugato e posto in un sacchetto sottovuoto. Questo è seguito da spezie a volontà. Mi piace usare un mix di spezie alla griglia di peperoni (piccanti e dolci), pepe, aglio, sale e un po 'di zucchero. Quindi l'aria viene estratta il più possibile e il sacchetto viene sigillato ermeticamente. Per questo utilizzo un aspirapolvere (dovrebbe anche essere possibile rimuovere l'aria in un altro modo e sigillare saldamente il sacchetto. Non ho esperienza con questo.) Ora il sacchetto va a bagnomaria per 28 ore a 70 gradi Celsius.

Dopo il bagno, il gambo viene rimosso dalla sacca e la pelle del gambo viene tagliata a forma di diamante. Lo stinco viene posto in una casseruola e versato con il liquido del sacchetto. Ora la cotenna è croccante fritta in forno a 160 gradi centigradi in circa 45 minuti e uno stinco burro-tenero ma croccante è finito.

41. Cosciotto di agnello sous vide

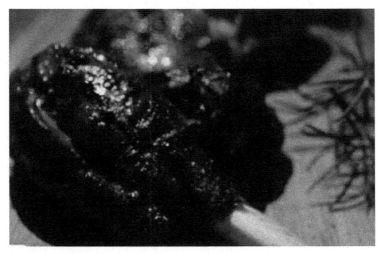

Ingredienti per 6 porzioni

- 1 cosciotto d'agnello, ca. 1,5 - 2 kg
- 3 ramo di timo
- 2 rosmarino
- 1 pezzo di burro
- 2 cucchiai da tè di aglio in polvere

Preparazione

Tempo totale ca. 20 ore 40 minuti

Parate il cosciotto d'agnello, strofinatelo con aglio in polvere, sale e pepe e mettete in un sacchetto. Aggiungere 2-3 rametti di timo e rosmarino (preferibilmente un po 'più di timo e un po' meno di rosmarino) e una buona puntura di burro. Aspirare la busta e metterla a bagnomaria preriscaldata a 57 ° C. Togliere dopo 20 ore di cottura, togliere le erbe aromatiche e asciugare tamponando. Mettere ora il cosciotto d'agnello sulla griglia (o forno) preriscaldato a 300 ° C con calore indiretto e grigliare per ca. 8-10 minuti.

42. Verdure alla paprika sous vide

]
Ingredienti per 4 porzioni

- 3 peperone, rosso, giallo, verde
- 1 rametto di rosmarino
- 20 g di burro
- Sale e pepe

Preparazione

Tempo totale ca. 1 ora e 15 minuti

Pelare i peperoni con un pelapatate e tagliarli a pezzetti. Farcite insieme al rosmarino e al burro in un sacchetto sottovuoto e sottovuoto.

Mettere nel dispositivo sottovuoto a 90 ° C per ca. 60-90 minuti. Quindi togliere dal sacchetto e condire con sale e pepe. L'aroma pieno dei peperoni viene mantenuto.

Adatto come gustoso accompagnamento a tutti i tipi di pietanze.

43. Finocchi allo zafferano sous vide

Ingredienti per 4 porzioni

- 2 tuberfennel
- 1 g di zafferano
- 100 ml di brodo di pollame
- 20 ml di olio d'oliva
- 3 g di sale

Preparazione

Tempo totale ca. 3 ore e 20 minuti

Tagliare il finocchio nel senso della lunghezza a fette spesse circa 6 mm. Dove le foglie pendono insieme attraverso il gambo, risultano le fette.

I gambi e le parti esterne possono essere usati bene per una crema di finocchi.

Aspirare le fette insieme agli altri ingredienti in un sacchetto sottovuoto. Cuocere a bagnomaria a 85 ° C per 3 ore.

Togliere dai sacchetti e ridurre il brodo di cottura a ca. 1/3 dell'importo.

Un contorno meraviglioso ed efficace, ad esempio con piatti di carne e pesce.

44. Roast beef in crosta di noci

Ingredienti per 4 porzioni

- 1 kg di roast beef
- 150 g di noci tritate
- 1 cucchiaio e mezzo. burro
- 50 g di parmigiano, affettato finemente
- 4 cucchiai. Erbe, tritate, mediterranee
- Sale e pepe

Preparazione

Tempo totale ca. 5 ore e 30 minuti

Condire prima il roast beef con sale e pepe. Quindi saldare sotto vuoto. Cuocere il roast beef a 63 ° C con il metodo sous vide per circa 4 - 5 ore.

Nel frattempo creare una crosta di noci, burro, parmigiano, erbe aromatiche, sale e pepe. È meglio mettere tutti gli ingredienti miscelati in un sacchetto per congelatore. In questo arrotoli gli ingredienti piatti alla dimensione richiesta. Quindi la crosta va in frigo. Successivamente puoi tagliare la crosta alla giusta dimensione con un coltello affilato incluso un foglio. Rimuovere la pellicola e distribuirla esattamente sulla carne.

Preriscaldare il forno a 220 ° C funzione grill 20 minuti prima di servire e al termine del tempo di cottura.

Friggere l'arrosto di manzo in una padella molto calda con poco grasso su ogni lato per un tempo molto breve (30 secondi).

Togliere il roast beef dalla padella e metterlo in una pirofila. Ora metti la crosta sulla carne. Infornate e sfornate la carne solo quando la crosta è bella e dorata. Tuttavia, questo non richiede molto tempo, al massimo 5 minuti.

Ora puoi goderti un perfetto roast beef rosa con una crosta. B. con verdure porri e spaetzle.

45. Filetto di manzo, senza scottare

Ingredienti per 2 porzioni

- 400 g di filetto di manzo (pezzo centrale)
- 1 cucchiaio. salsa Worcester
- ½ cucchiaino di Pimentón de la Vera, dolce
- 1 cucchiaino di paprika in polvere, piccante
- 1 cucchiaino, zucchero di canna grezzo colmo
- 1 cucchiaino, erba cipollina colma, dr.

Preparazione

Tempo totale ca. 15 ore e 10 minuti

Metti il filetto in un sacchetto sottovuoto. Mescolare tutti gli altri ingredienti e aggiungerli al sacchetto. Strofina il filetto con gli ingredienti nel sacchetto. Quindi aspirare. È meglio lasciare marinare il filetto per una notte.

Togliere il filetto dal frigorifero 2 ore prima della cottura. Preriscaldare un forno adatto sottovuoto a 55 ° C. Mettere il filetto in forno per 3 ore.

Togliete dal sacchetto, tagliate e servite subito.

46. Bistecca di tonno su spinaci al cocco

Ingredienti per 2 porzioni

- 2 bistecche di tonno, 250 g l'una
- 250 g di spinaci in foglia
- 1 pezzo di zenzero piccolo, circa 2 cm
- 1 cucchiaio. olio d'oliva
- 3 cucchiai. olio di sesamo
- 1 scalogno
- 1 cucchiaio, semi di sesamo colmi, tostati
- 100 ml di latte di cocco
- 1 punta di aglio
- Sale e pepe

Preparazione

Tempo totale ca. 55 minuti

Lascia scongelare gli spinaci e strizzali bene. Pelate e grattugiate lo zenzero. Pelare lo scalogno e l'aglio e tagliarli a cubetti.

Riscaldare l'olio d'oliva e rosolare lo scalogno e l'aglio. Aggiungere gli spinaci e rosolare per 10 minuti. Mescolare insieme latte di cocco, olio di sesamo e semi di sesamo tostati. Spremi lo zenzero grattugiato e aggiungi il tutto agli spinaci. Condire con sale e pepe.

Cuocere le bistecche di tonno sottovuoto nel bagno sous vide per 40 minuti a 44 gradi Celsius.

Quando tutto è pronto, disimballare le bistecche di tonno, asciugarle tamponandole e rosolarle per 30 secondi su ogni lato. Condire con sale e pepe.

47. Petto d'anatra all'arancia

Ingredienti per 2 porzioni

- 2 Petti d'anatra disossati
- 1 arancia
- 10 grani di pepe
- 2 rametti di rosmarino
- 20 g di burro
- 20 g di burro chiarificato
- 1 cucchiaio. salsa di soia
- 1 cucchiaio. aceto di vino bianco
- 1 cucchiaio. miele
- 100 ml di vino rosso

Burro per friggere

Sale e pepe

Preparazione

Tempo totale ca. 2 ore e 45 minuti

Lavate i petti d'anatra, asciugateli e passateli con i filetti d'arancia, i grani di pepe, il rosmarino e il burro. Mettere in un dispositivo sottovuoto a 66 gradi per 90 minuti.

Quindi estrarre dalla borsa. Raccogli e conserva il liquido e altri contenuti. Rimuovere i grani di pepe. Tagliare la pelle del petto d'anatra a forma di diamante. Friggere sul lato della pelle fino a quando non è marrone e croccante. Togli i petti d'anatra dalla padella e tienili al caldo.

Mettere nella padella l'arancia, il rosmarino e il brodo del sacchetto. Aggiungere la salsa di soia, l'aceto di vino bianco, il miele e il vino rosso e lasciare cuocere a fuoco lento. Montare con burro freddo se necessario. Sale e pepe.

Da abbinare a patate duchesse e verdure croccanti.

48. Sella di agnello con patate gratinate

Ingredienti per 3 porzioni

- 3 Sella d'agnello, rilasciata (salmone d'agnello)
- 500 g di patate
- 3 rosmarino
- 1 tazza di panna, ca. 200 gr
- 3 peperoncino
- 1 uovo
- Timo
- ⅛ Litro di latte
- 3 dita di aglio
- Sale e pepe
- Olio d'oliva

Preparazione

Tempo totale ca. 1 ora e 15 minuti

Per prima cosa aspirare ogni costata di agnello con 1 spicchio d'aglio, 1 rametto di rosmarino, un po 'di timo e un po' di olio d'oliva. Cuocere approssimativamente per 60 min a 54 ° C sottovuoto.

Nel frattempo sbucciate le patate, tagliatele a fettine sottili e mettetele in una teglia da forno.

Montare la panna, il latte e l'uovo e condire con sale e pepe. Mi piace mangiare piccante e ho aggiunto 3 peperoncini piccoli. Versare il liquido sulle patate, spalmare il formaggio e infornare lo stampo per ca. 45 min a 200 ° C.

Appena la carne sarà pronta, liberatela dal sottovuoto e rosolatela tutt'intorno.

Basta servire.

49. Carré di agnello

Ingredienti per 4 porzioni

- 2 Rack di Agnello (Corona di Agnello)
- 8 ramo di timo
- 2 dita di aglio
- Olio d'oliva
- Sale e pepe

Preparazione

Togliere le corone di agnello dal frigo, parare e portare a temperatura ambiente.

Quindi mettere una corona in un sacchetto sottovuoto e condire con olio d'oliva, sale e pepe e aggiungere 3 rametti di timo. Quindi aspirare.

Se non hai un aspirapolvere, puoi anche usare il seguente trucco: Riempi

una ciotola con acqua fredda. Mettere la carne in un normale sacchetto per congelatore e tenerla sott'acqua solo fino a quando l'acqua non può entrare nell'apertura. Quindi sigillare con una clip sott'acqua - fatto.

Quindi mettere l'agnello sottovuoto a bagnomaria e lasciarlo macerare per circa 25 minuti a 58 gradi.

Tira fuori l'agnello dalla borsa. In una padella con olio d'oliva rosolare i restanti rametti di timo e l'aglio tritato grossolanamente e schiacciato. Quindi unire l'agnello nella padella tutto intero e soffriggere brevemente tutto intorno per ottenere aromi di arrosto.

Quindi servire.

CONCLUSIONE

Vale davvero la pena investire in questo nuovo metodo di cucina moderno per la cucina casalinga di tutti i giorni? Condividerò i motivi per cui penso che sous vide sia uno strumento pratico per tutto, da una cena di una settimana a una cena di fantasia.

Anche se questa tecnica può sembrare così strana e pignola: sacchetti di plastica? Gadget high-tech? Chi ha bisogno di tutto ciò in cucina? Ma i vantaggi del sous vide, così conosciuto dai ristoranti, possono essere di enorme aiuto anche al cuoco di casa.

Il sottovuoto offre un controllo completo in cucina per offrire il cibo più tenero e saporito che tu abbia mai avuto. Con questo, è semplicissimo ottenere risultati di qualità da ristorante da bordo a bordo.

La ragione più sorprendente per me è la semplicità e la flessibilità di sous vide. Se stai cucinando per una serie di preferenze alimentari o allergie, la cottura sottovuoto può semplificarti la vita. Ad esempio, puoi cucinare pollo marinato con molte spezie e pollo appena cosparso di sale e pepe allo stesso tempo, quindi varie categorie di persone saranno felici!